A todas esas grandes promesas que nos inspiran cada día.
Y a dos mujeres maravilla, nuestras madres,
por enseñarnos a poner ganas y cariño
a todo aquello que nos propongamos hacer.

Título original: Lápices de colegio

Autoras: Tania Santos Fernández y Silvia Mendiguchía Pérez

Ilustración: Tania Santos Fernández

Diseño de la tipografía: Tania Santos Fernández

Publicado por Editorial Gusanillo 2024

2ª Edición publicada en marzo 2025

Redes sociales de la editorial: @editorialgusanillo

Página web de la editorial: www.editorialgusanillo.es

Impreso y encuadernado en España

Código de Depósito Legal: V-3390-2024

ISBN: 978-84-128699-8-9

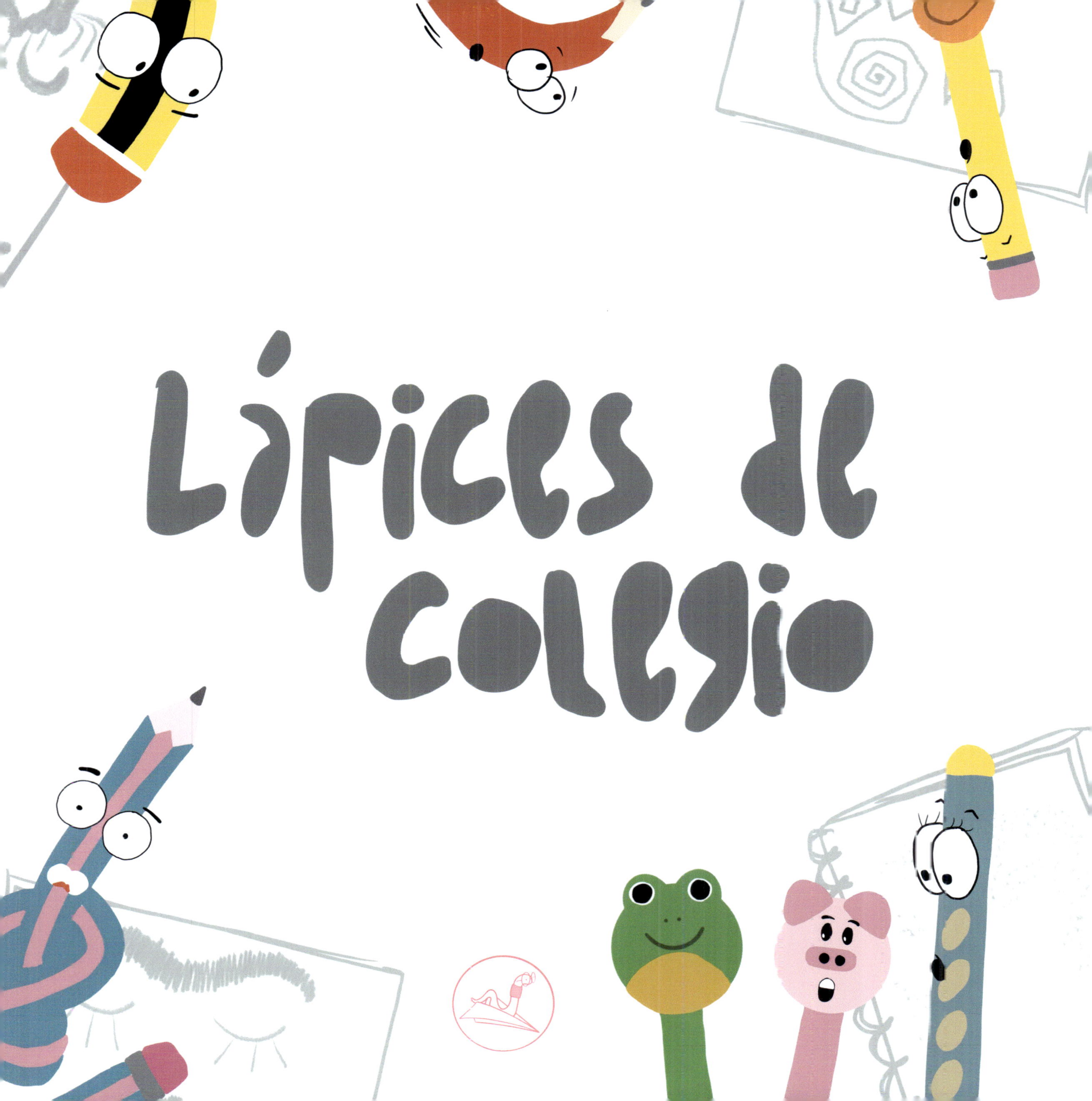
Lápices de colegio

Cada mañana espero ansioso a que niños y niñas
me escojan de la bandeja de su clase.

Lo tengo difícil, porque somos muchos
y muy diferentes...
¡Agárrame!
¡Vooooooy!
CROAC
CROAC
Oing
Oing
¡Qué comodidad!
¡Qué
lío!

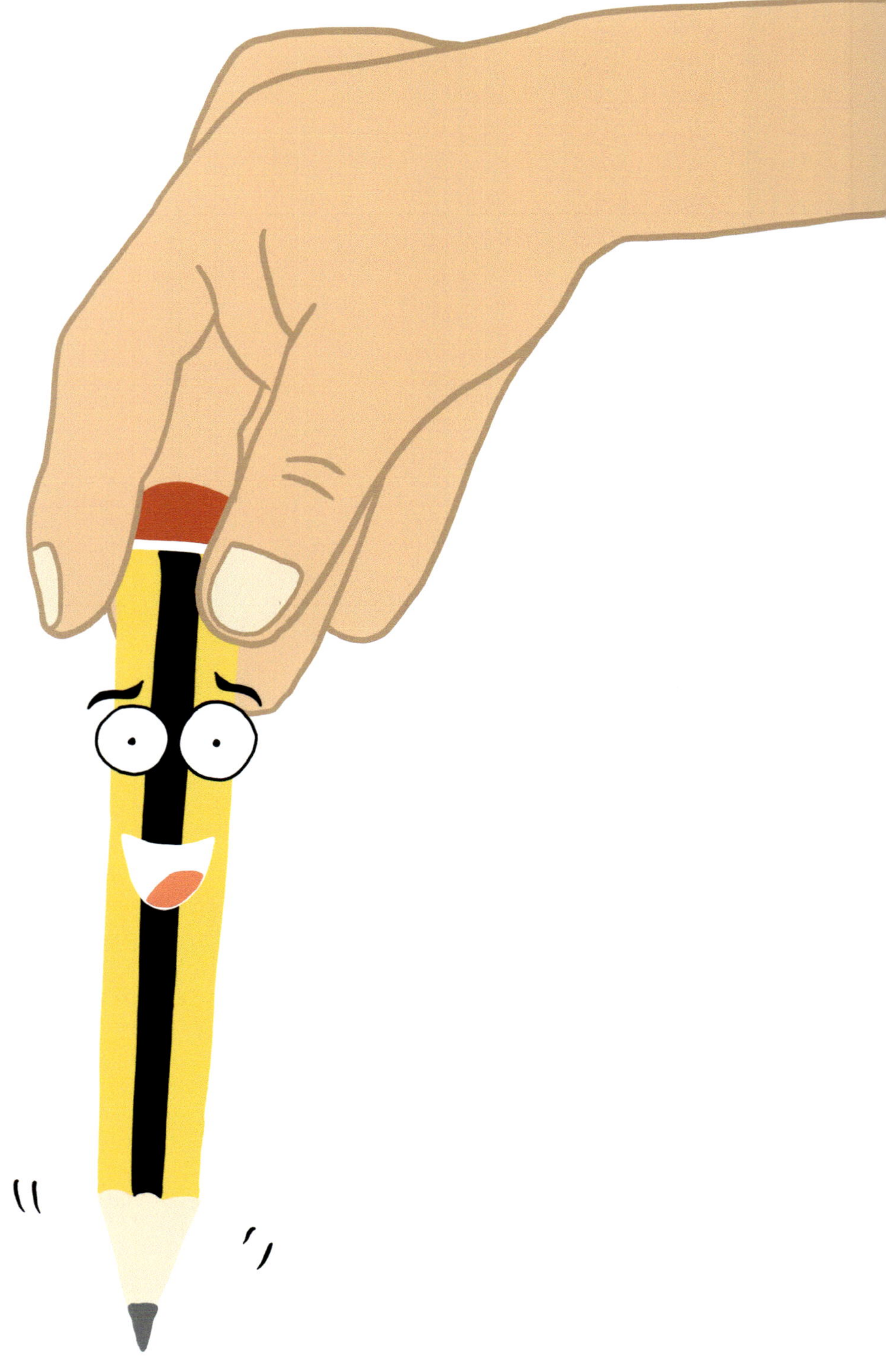
Soy feliz cuando me cogen y empezamos a crear...

¿CREES QUE COSEN

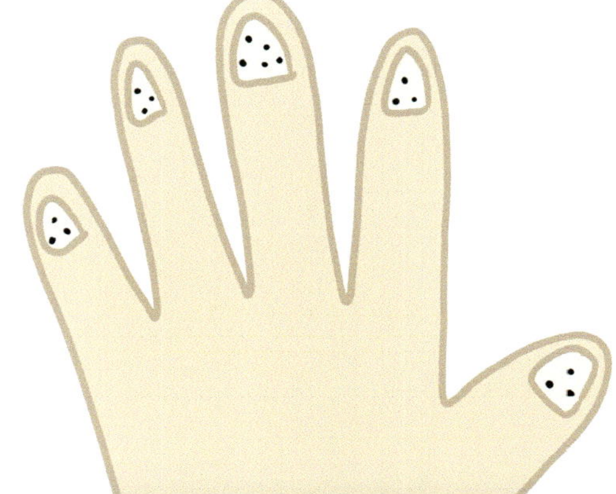

todos me
¿igual?

¡QUÉ VA!

Frida me abraza fuerte...

CURiosidad
Frida Kahlo
Pintora mexicana reconocida por sus famosos autorretratos.

¡Me
apachurró!

Y juntos, empezamos a crear...

¿Qué vas
con ese

¿a hacer garabato?

¡Hacen un retrato!

Paul usa la técnica del cangrejo,
hace pinza con más dedos...

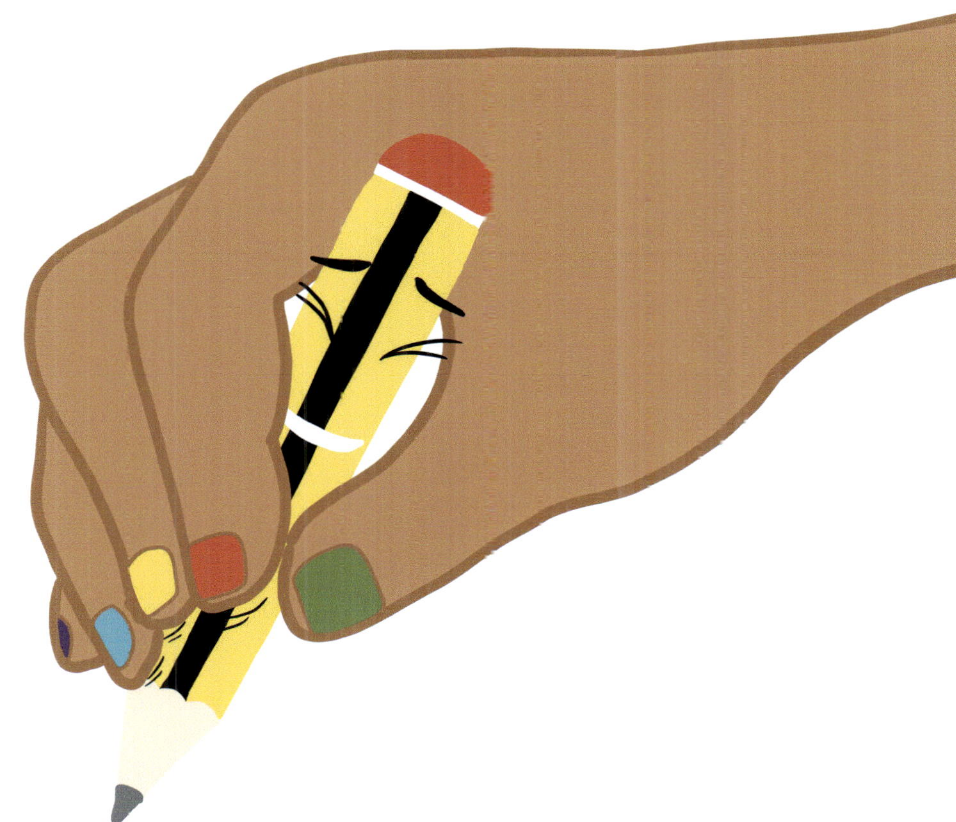

CURIOSIDAD
Paul Klee
Pintor alemán que dibujaba con
trazos sencillos.

¡QUÉ COSQUILLEO!

Y juntos, empezamos a crear...

¿Qué vas a
esa

hacer con línea?

Es un punto que sale a pasear.
Y dando vueltas
por la vida...
¡Me ayuda
a dibujar!

Pierre prefiere llevarme al límite...

CURIOSIDAD
GEORGES-PIERRE SEURAT
Pintor francés que fundó la técnica del puntillismo.

¡casi me salgo
de sus dedos!

Y juntos, empezamos a crear...

¿Qué vas a
tantos

hacer con
puntos?

Con estos puntos,
unos por aquí,
otros por allá...

¡Tenemos muchos juntos!

Joan es más delicado...

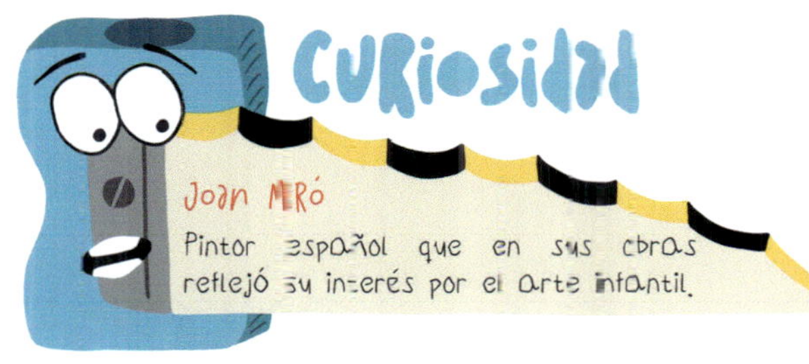

CURIOSIDAD
Joan Miró
Pintor español que en sus obras
reflejó su interés por el arte infantil.

¡Me tumba
sobre su mano!

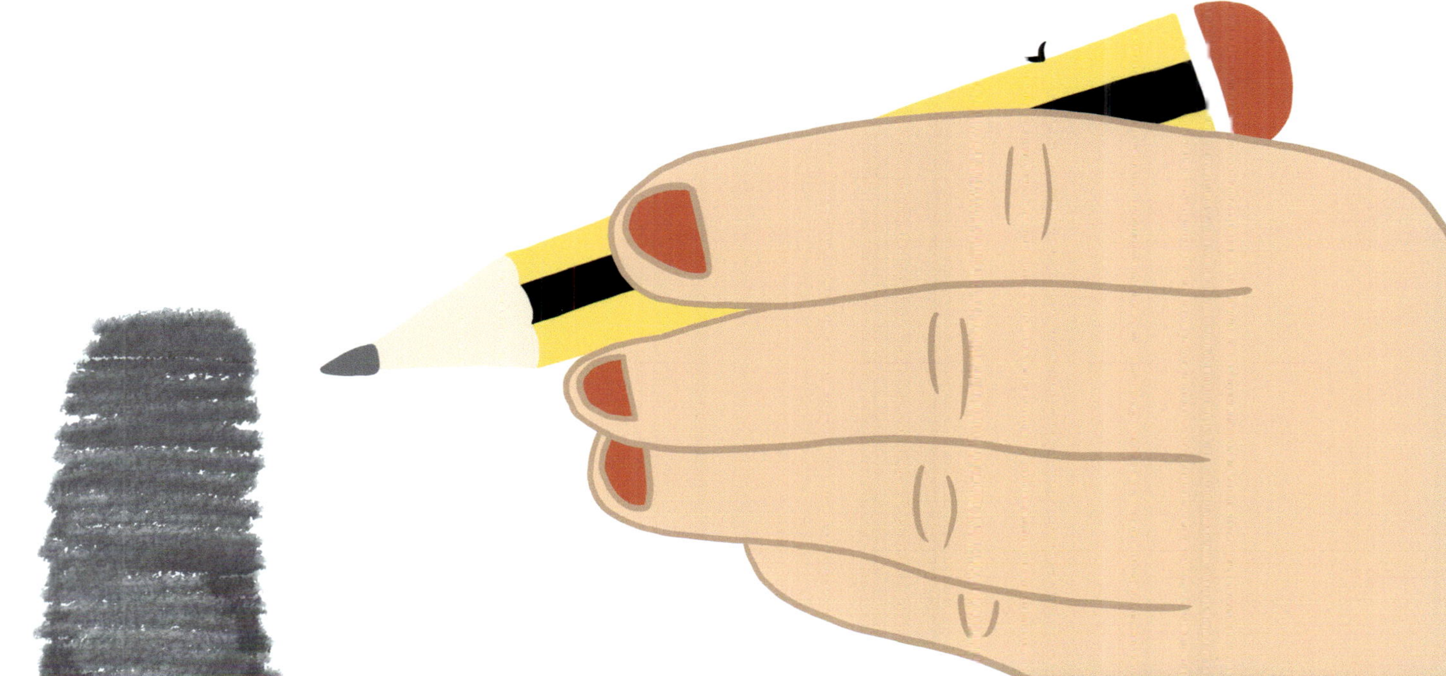

Y juntos, empezamos a crear...

¿Qué vas con eso
con esa

¿ hacer

sombra?

¿Sombra?
¡No es una sombra!
¡Es un boceto!

¿Qué es un boceto?
¿Boceto?
¿un boceto?
¿un bo... qué?
¿Eing?
¡Qué lío!

En un diseño,
es el primer reto
que debes abordar
para tu dibujo mejorar.

¡Así tu obra
podrá destacar!

Do
cl
to

¡Esas letras voladoras las hago yo: b, t...!
¿Y dónde están las excavadoras que hago yo cada día?
Yo soy más de letras tranquilas: o, c, e...
Sí, ¡BOCETO!
¡Qué no se trat de escribir, estamos dibujando!

Bo-ce-to
Y colorín colo-ado...
Estos lápices,
¡algo han encontrado!
¿Eing?

Lápices de colegio

Por ahora,
¡esto es todo niños!

Para Coco, que con sus patitas abraza a las hadas que habitan en nuestro hogar y las llena de huellas de amor verdadero.

Viaja con Coco y Kika

Autora : Cruz María Box

Ilustraciones: Patri Mas

Título original: Viaja con Coco y Kika
Autora: Cruz María Box
Diseño e ilustración: Patri Mas
Redes sociales: @patri._.mas
Publicado por Editorial Gusanillo 2025
Redes sociales de la editorial: @editorialgusanillo
Página web de la editorial: www.editorialgusanillo.es
Impreso y encuadernado en España
Código de Depósito Legal: V-2396-2025
ISBN: 979-13-87530-42-6

En casa de Kika no todos duermen, hoy va
a ser un gran día. Se irán de viaje, pero a Kika
no le gusta hacer planes diferentes. Además,
tendrá que dejar a Coco en casa de la abuela.

Al coger las maletas... ¡Hay cuatro!
La de Kika es amarilla, todos los
objetos de Kika son de color
amarillo. Y la más pequeña...
¡Es de Coco! Al final, él también se
viene al viaje.

¡Qué sorpresa!

Coco asoma las orejas por la ventanilla. Mientras, Kika lee atenta su manual de las hadas. Quiere saber todo sobre ellas.

Su padre le dice que está en las nubes, pero ella piensa que no es cierto, porque no le gusta volar y está junto a Coco en el asiento de atrás.

En el hotel de montaña, Coco saluda con mucha educación. Le gusta hacer amigos y quiere conocer a la perrita pecosa.

Como Kika no pudo elegir qué muñecos llevar al viaje, echó todos a la maleta. Ahora, al deshacerla, los coloca en fila, perfectamente alineados, junto a su cepillo de dientes, su reloj de arena, un lápiz de color amarillo y... ¿el manual de las hadas?

No lo encuentra por ningún lado,
en él están todas las pistas para llegar
hasta ellas. ¡¡LO HA PERDIDO!!

Kika no puede dormir y despierta a Coco
para salir sin hacer ruido a buscarlo. Fuera,
unos ojos brillan en la oscuridad y se escucha
el ulular de una lechuza. Kika muy asustada
se abraza fuerte a Coco bajo la luz de la luna.

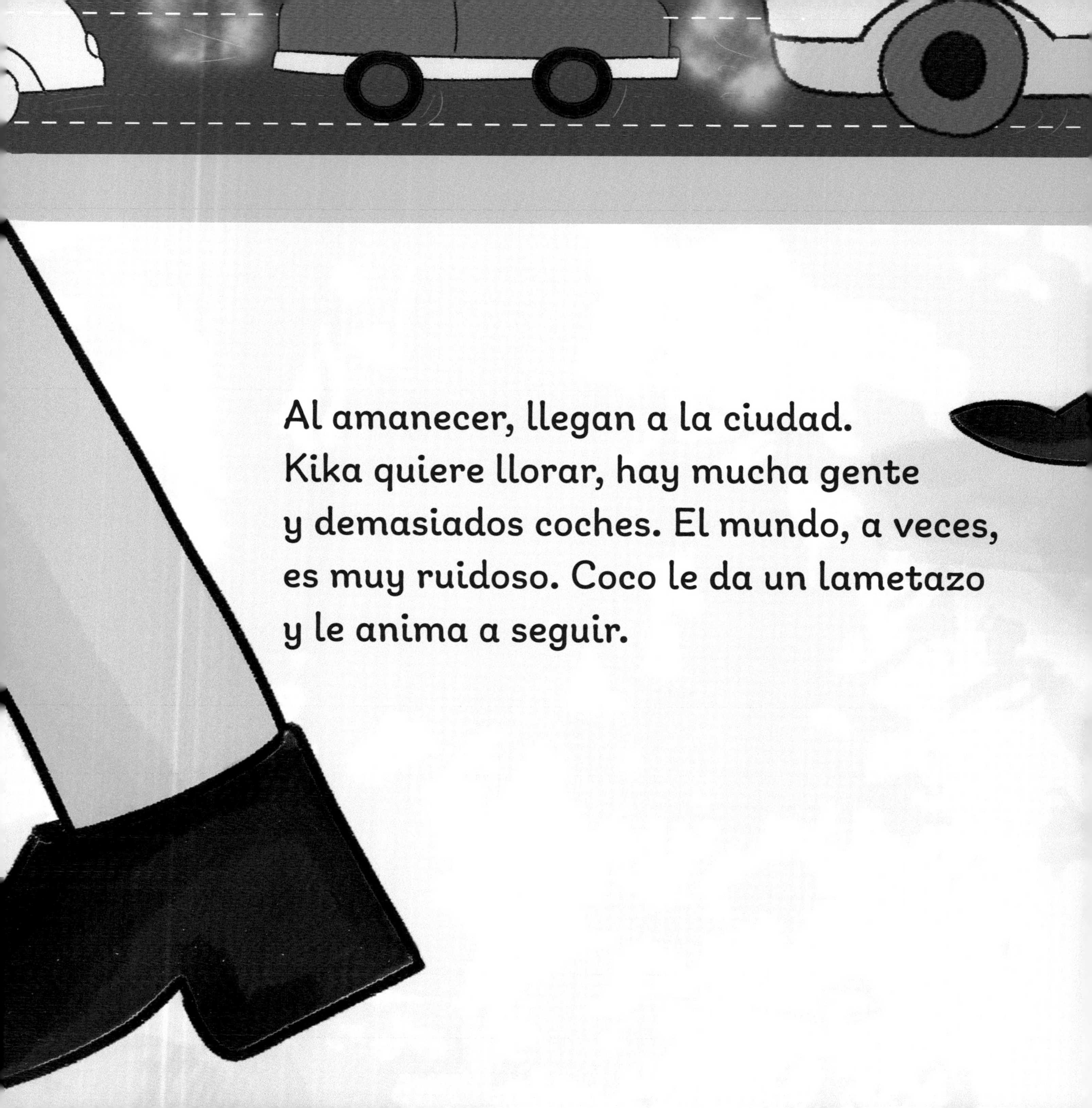

Al amanecer, llegan a la ciudad.
Kika quiere llorar, hay mucha gente
y demasiados coches. El mundo, a veces,
es muy ruidoso. Coco le da un lametazo
y le anima a seguir.

Coco y Kika llegan hasta un río y reman juntos
hasta la otra orilla. A lo lejos se acercan unas
luces. ¿Serán las hadas?

No. Son los faros de un coche.
Papá y Mamá les abrazan, estaban
muy pero que muy preocupados.

A la mañana siguiente, todos juntos van de excursión al bosque. Kika se pone sus zapatillas amarillas y Coco corretea sin correa. Pero están tristes, sin el manual, no encontrarán a las hadas.

Coco busca bajo los helechos y
olfatea entre las setas.

Mete su pezuña en
un tronco.

Se enreda con una tela
de araña, pero no ve
ninguna.

Al llegar a una cascada, Kika ve algo aletear.
¡Es una mariposa!
Se posa en el hocico de Coco, le hace
cosquillas y Kika ríe al verlo tan gracioso.

Cuando vuelven al hotel, bajo la cama,
algo amarillo brilla.
¡Es el manual de las hadas!

¿Cómo llegó hasta allí? Una luz tintinea
por la ventana y vuela de regreso al bosque.

A Kika ya no le da miedo viajar. Con Coco
todo es mucho más fácil. No hace bromas y le
da la patita cuando lo necesita.
Juntos explorarán el mundo y descubrirán
las hadas que habitan en él.